Àqueles de nós
que não costumam
apreciar as coisas
até que desapareçam

L55

No final da década de 20, a ilha de Manhattan era, sem dúvida, a capital mundial dos arranha-céus. Desde a virada do século, os edifícios haviam sido forçados a tornar-se cada vez mais altos, devido ao alto preço da terra e ao desejo de construir sobre o terreno o maior espaço arrendável possível. O que tornou viável a construção de quase duzentos arranha-céus entre 1902 e 1929 foram os aprimoramentos na qualidade do aço, na concepção de uma estrutura de aço capaz de dar apoio aos pisos e às paredes dos edifícios, e na capacidade do importantíssimo elevador. A edificação de prédios cada vez mais altos foi estimulada tanto pela crescente confiança nos avanços tecnológicos quanto pela competição cada vez maior entre os investidores imobiliários.

Não surpreende, pois, que num certo momento do ano de 1929 alguns empresários de Nova York tenham decidido construir o edifício mais alto do mundo. Surpreendente é que o edifício já estava pronto na primavera de 1931. O Empire State Building situava-se na 5ª Avenida, no prestigioso local ocupado pelo antigo Hotel Waldorf-Astoria. O edifício de trezentos e vinte metros de altura tinha oitenta e cinco andares e sessenta e sete elevadores. No topo havia um mastro de amarração de sessenta e um metros de altura para balões dirigíveis, vistos na época como uma forma potencialmente importante de transporte transatlântico. Embora a idéia de atracação de dirigíveis tivesse sido rapidamente abandonada, os dezessete andares adicionais do mastro deram ao edifício uma vantagem significativa sobre seu rival mais próximo, o Chrysler Building, de setenta e sete andares.

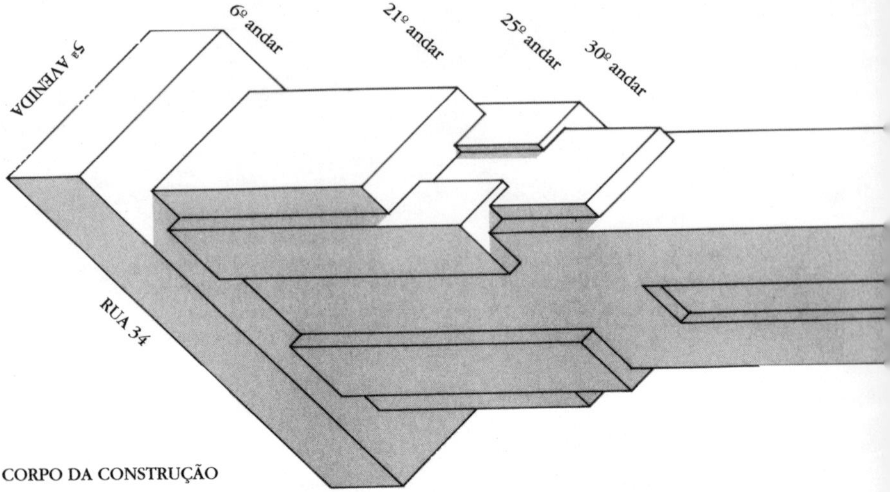

CORPO DA CONSTRUÇÃO

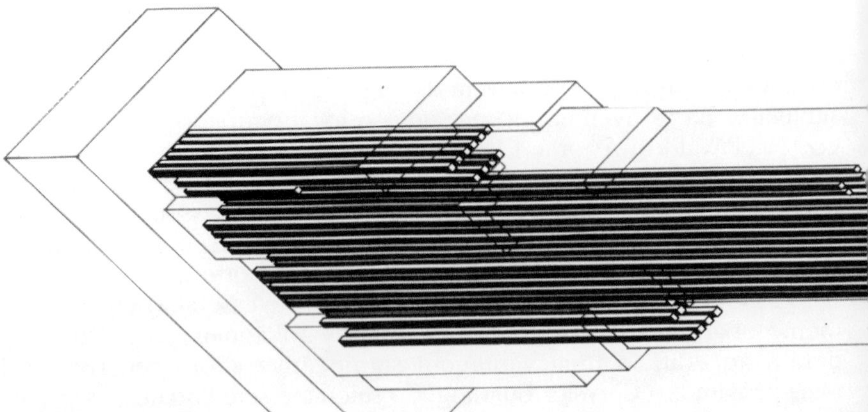

ELEVADORES

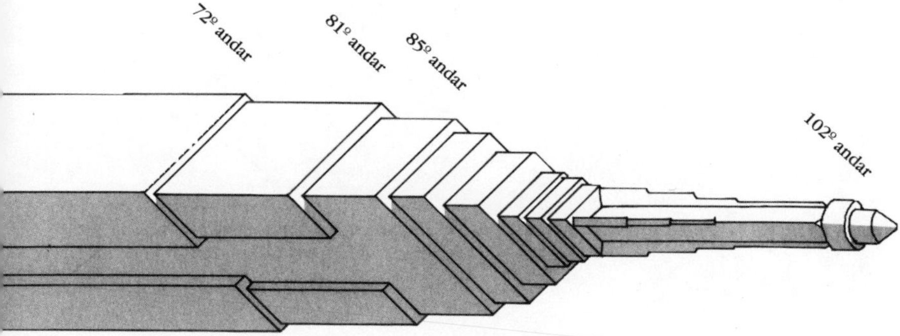

A área construída total, a forma e a altura do edifício foram mais ou menos definidas por um conjunto de fatores inter-relacionados; as limitações mais óbvias eram o tamanho do terreno e o orçamento disponível. A área construída foi inicialmente determinada pela extensão mínima de espaço arrendável necessária para tornar financeiramente viável o projeto. A forma foi influenciada diretamente pelas leis de zoneamento da cidade, que visavam, entre outras coisas, garantir que o máximo possível de ar e luz solar chegassem ao nível da rua. Estas leis, além de exigirem que as laterais do edifício fossem se afastando das bordas do lote em alturas sucessivas, dispunham que nenhum andar acima do trigésimo pudesse ter uma área maior que um quarto da área do lote. A altura foi limitada pela necessidade de elevadores; para além de determinado ponto, os poços de elevador consumiriam uma parcela muito grande da já reduzida área útil.

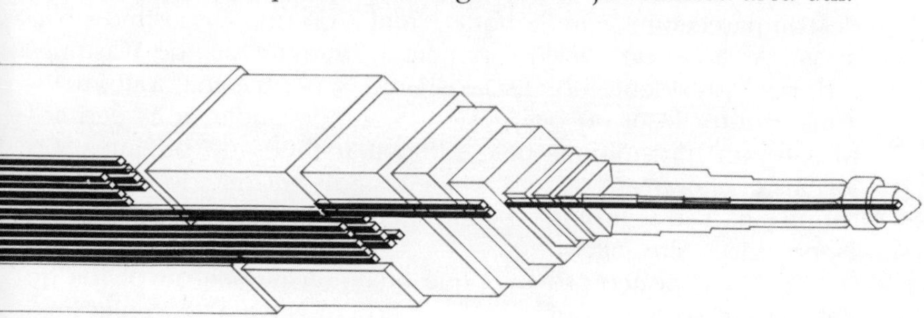

A criação do Empire State Building foi uma obra-prima de organização. Desde o começo, os proprietários, arquitetos, engenheiros, construtores e principais fornecedores trabalharam em equipe. Esta inusitada cooperação não só eliminou atrasos desnecessários durante a construção como também tornou possível que o edifício fosse erguido em menos de dezoito meses. Às vezes, a estrutura de aço era erguida num ritmo de quatro andares e meio por semana.

O edifício foi oficialmente inaugurado no dia primeiro de maio de 1931. A data foi marcada por pompa, cerimônia e festejos. O governador do estado de Nova York e o prefeito da cidade compareceram a um banquete realizado no octogésimo sexto andar. As luzes do corredor principal foram acesas, de Washington, pelo presidente dos Estados Unidos. Na mesma noite, realizou-se outra festa no octogésimo segundo andar, e as cerimônias foram transmitidas pelo rádio a milhões de ouvintes. Os jornais encheram-se de artigos e editoriais aclamando esse novo triunfo, não só tecnológico como também – em vista da Grande Depressão – simbólico.

É muito pouco provável que qualquer pessoa envolvida no entusiasmo daquele primeiro de maio em Nova York tenha imaginado que o Empire State Building seria demolido em menos de sessenta anos.

Agradecimento especial
a Julius Lipsett em Nova York e Ruth no 2º andar.

Esta obra foi publicada originalmente em inglês com o título
UNBUILDING
por Houghton Mifflin Co., Boston, em 1980

1ª edição: maio de 1995

Tradução: Marcelo Brandão Cipolla
Revisão gráfica:
Dirceu A. Scali Jr.
Marise Simões Leal

Produção gráfica: Geraldo Alves
Paginação: Moacir K. Matsusaki

Capa – Execução:
Katia H. Terasaka

ISBN 85-336-0387-8

LIVRARIA MARTINS FONTES EDITORA LTDA.
Rua Conselheiro Ramalho, 330/340 – Tel.: 239-3677
01325-000 – São Paulo – SP – Brasil

David Macaulay

(Des)construção de um

Arranha-Céu

Martins Fontes
São Paulo 1995

No dia primeiro de abril de 1989, o príncipe Ali Smith convocou uma reunião dos vinte e seis sócios da Companhia de Petróleo e Gás da Arábia, também conhecida como PEGA. O propósito da assembléia era avaliar vários projetos para o novo edifício-sede da PEGA. Arquitetos de todo o mundo haviam sido convidados a apresentar desenhos e maquetes, mas depois de três dias de apresentações ainda não havia consenso quanto a que projeto escolher. Percebendo que todo o empreendimento

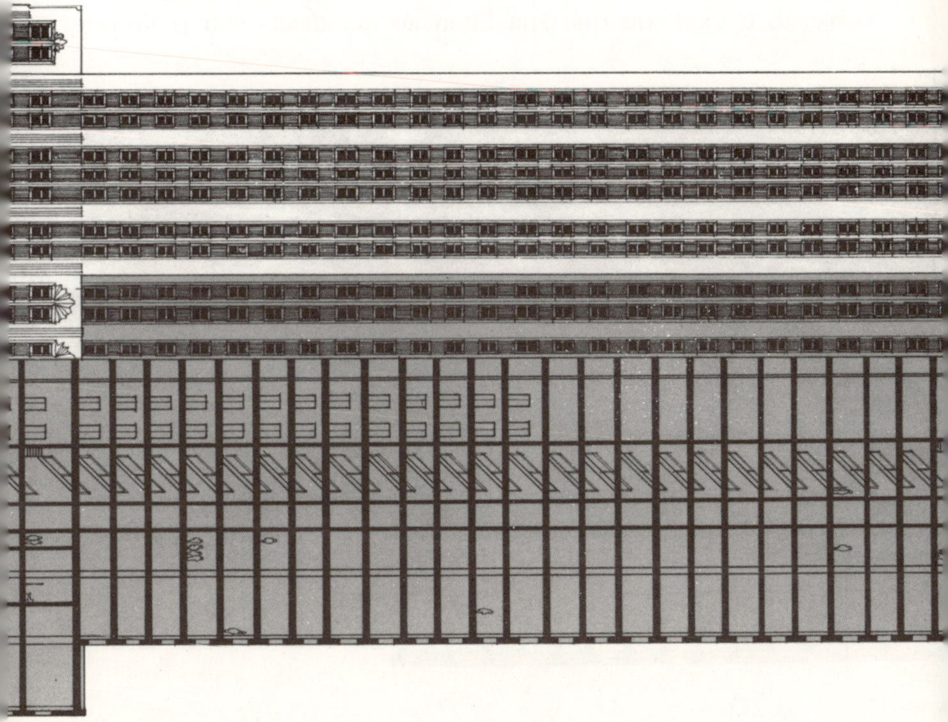

corria o risco de ser adiado por mais um ano, o príncipe Ali pôs-se de pé e sugeriu que a PEGA comprasse o Empire State Building. Tendo conquistado a atenção dos presentes, dedicou-se a demonstrar as virtudes arquitetônicas e a importância simbólica de um edifício que ele conhecia muito bem.

O príncipe Ali passara quase toda a sua vida nos Estados Unidos, onde adotara seu último nome. Quando tinha trinta e seis anos, o mau estado de saúde e o esgotamento da paciência de seu pai haviam feito com que ele deixasse a universidade e voltasse para casa para administrar os investimentos petrolíferos de sua família.

Seus associados na PEGA não gostavam dele; mas o fato de ele controlar sessenta e oito por cento das ações da empresa encorajava sua lealdade e condescendência para com seu embaraçoso comportamento. Quando se questionou a sensatez de transferir a sede da PEGA para Nova York, Ali concordou com a objeção e explicou que sua intenção era desmontar o Empire

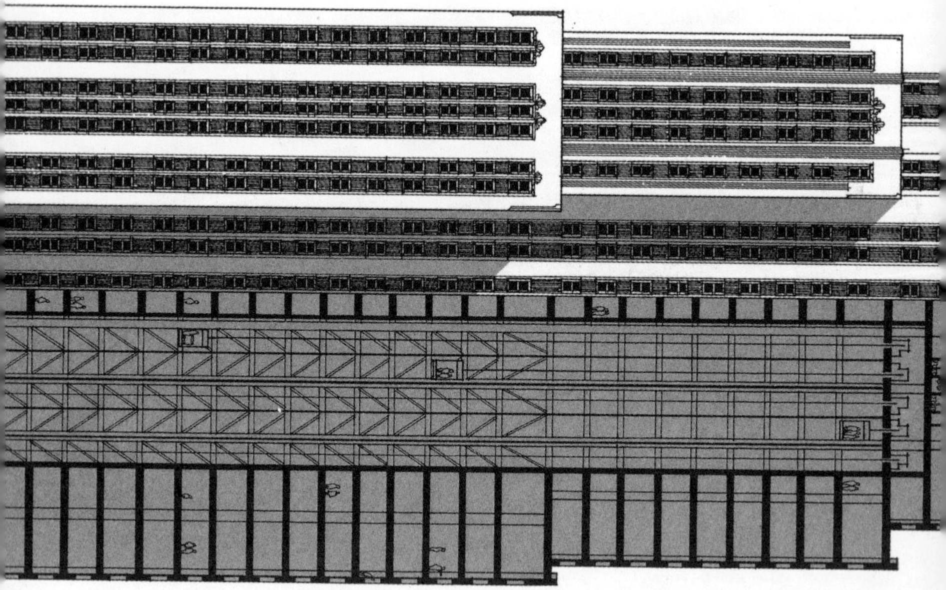

State Building, despachá-lo por navio e reerguê-lo no meio do deserto da Arábia. À medida que a discussão progredia, o príncipe ia respondendo a todas as questões com argumentos entusiasmados, ainda que nem sempre muito lógicos, e acabou por obter uma resignada aprovação da reunião a seu esquema.

Três dias depois, o príncipe Ali voou para Nova York a fim de reunir-se em particular com os donos do edifício. O negócio foi fechado em uma semana; no dia vinte e nove de abril de

1989, fez-se o anúncio público da venda. De início, os nova-iorquinos consideraram a idéia um insulto, e qualificaram-na como antiamericana. As páginas do *Times* encheram-se de cartas condenando a proposta, e passeatas de protesto percorreram as ruas em todas as tardes de domingo por quase um mês. Tanto as sociedades de preservação quanto o instituto histórico organizaram, por meio de cartas, campanhas gigantescas contra a venda.

Conhecendo bem os costumes americanos, o príncipe Ali sabiamente esperou por dois meses, até que as coisas se acalmassem, para anunciar sua estudada proposta. Aos proprietários do edifício ele pagaria uma quantia não-revelada, mas provavelmente muito alta.

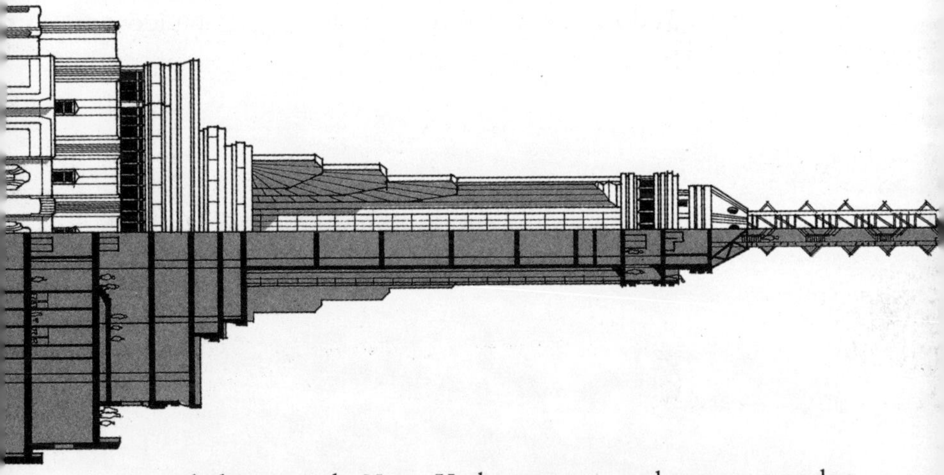

Aos habitantes de Nova York, numa manobra surpreendente, ele ofereceu o lote e anunciou que iria convertê-lo num parque patrocinado pela PEGA. O mastro de amarração, que já fora declarado um marco histórico e não poderia deixar o país, seria completamente restaurado e reerguido no centro do parque. Os dois subsolos do edifício seriam convertidos numa nova galeria para o Metropolitan Museum of Art. Cinco dias depois, quando a oposição à venda começou a vacilar, ele ainda anunciou que colocaria à disposição dos táxis e ônibus da cidade um suprimento regular de gasolina. Já à beira da derrota, um preservacionista desesperado, mas inteligente, sugeriu que se vendesse, em vez do Empire State Building, as torres gêmeas do World Trade Center, pelo mesmo preço. Ao recusar a oferta, Ali afirmou estar pronto a considerar a idéia de demoli-las como gesto simbólico de amizade. Com essa última demonstração de generosidade, toda a resistência que ainda havia se desfez.

Logo após a assinatura do contrato de venda, a conhecida firma Krunchit & Sons, de Nova York, foi encarregada de supervisionar e levar a cabo o projeto. Devido ao tamanho e à localização do edifício, sua remoção precisava ser prática e segura. A começar da torre de televisão, que fora a última adição, e a mais alta, feita ao edifício, a estrutura deveria ser demolida, andar por andar, segundo a ordem inversa à qual fora construída. Por insistência dos sócios da PEGA, decidiu-se desconstruir apenas aquelas porções do edifício que fossem necessárias para recriar sua aparência. Todo o restante seria demolido e substituído por novos materiais.

Fundação dos pilares maiores

Leito rochoso

Acima das fundações, os três principais órgãos do edifício eram a estrutura de aço, as lajes de concreto e a parede exterior. Além de manter o edifício ereto, a estrutura ou esqueleto de aço também suportava o próprio peso, levando-o, com o das lajes e paredes, até as fundações. Para reutilizar-se o aço seria necessário perfurar novamente todos os orifícios dos rebites, que se teriam alargado ligeiramente no decorrer dos anos. Considerando-se este problema, e o fato de as diferentes condições eólicas da nova localização exigirem mudanças adicionais na malha estrutural, decidiu-se sucatear o aço e substituí-lo por metal novo. As lajes de concreto, que abrigavam muitos condutos e tubulações para os sistemas elétrico e telefônico do edifício, não poderiam ser desmontadas e, portanto, deviam ser demolidas.

A parede exterior, de tijolos, era sustentada em cada andar por vigas de aço chamadas vigas de fechamento, as quais eram fixadas aos pilares exteriores e corriam horizontalmente ao redor do perímetro da estrutura. A superfície interior da parede era coberta de reboco, enquanto seu exterior recebia um revestimento

viga de piso
viga-mestra
viga de fechamento
pilar
remate em aço de cromo-níquel
laje de concreto
enchimento de cinzas
Tubulação embutida
painel de alumínio fundido

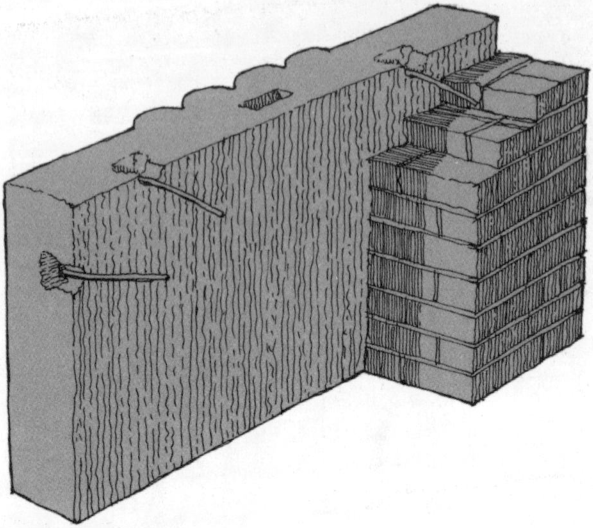

mais complexo de pedra calcária, vidro, alumínio e aço. Depois da forma e da altura do edifício, o revestimento externo era sua marca mais característica.

As listras verticais alternadamente claras e escuras do revestimento externo, que acentuavam de modo tão dramático a altura do edifício, resultaram de um sistema estrutural originalmente concebido para economizar tempo de construção.

As listras claras eram compostas de blocos aparelhados de pedra calcária, chamados silhares. As listras escuras resultavam da justaposição alternada das janelas de cada um dos andares e de painéis de alumínio fundido da mesma cor e mesma largura dos vidros. Além de cada listra poder ser construída independentemente das demais, o uso dos painéis de alumínio eliminava a necessidade de obras de alvenaria acima e abaixo das janelas, reduzindo em grande medida a quantidade de complicadas juntas de cantaria, cuja realização tomaria muito tempo. Num esforço adicional para economizar tempo, as juntas entre as listras claras e escuras foram cobertas com um remate contínuo de aço de cromo-níquel. Desse modo, não era necessário dar acabamento às extremidades laterais dos silhares.

esquadria
painel de alumínio
fundido
remate em aço de cromo-níquel
reboco
parede de
alvenaria
aquecedor
silhar de pedra calcária

Decidiu-se, a certa altura, que todo o revestimento externo seria desmontado e depois remontado, embora o custo de um novo revestimento calcário fosse provavelmente menor. Do interior do edifício, só seriam conservados os revestimentos de mármore, as peças metálicas ornamentais, as luminárias originais e as portas dos elevadores.

Uma vez tomadas essas decisões, Krunchit previu um prazo de três anos para a remoção do edifício, com a demolição de cada andar tomando cerca de dez dias. Krunchit planejava empregar aproximadamente cento e vinte trabalhadores, incluindo demolidores para quebrar o interior do edifício e pulverizar o concreto e a alvenaria, metalúrgicos para cortar e remover todo o aço e técnicos operadores para operar os guindastes, *bulldozers*, macacos e compressores de ar.

Contratar-se-ia um fornecedor de andaimes para envolver todo o edifício antes que o trabalho de demolição tivesse início. De tempos em tempos, seriam também necessários alguns eletricistas e encanadores, além de caminhoneiros com seus caminhões para remover todo o entulho e o aço que fossem retirados.

Além de vários guinchos e gruas, o projeto exigia uma grande quantidade de equipamentos menores. Entre estes, incluíam-se vinte e seis britadeiras pneumáticas para quebrar o concreto, vinte maçaricos de oxipropano para desmontar pelo calor a estrutura de aço, *bulldozers*, compressores de ar, botijões de gás propano, tubulações temporárias, pés-de-cabra e outras ferramentas manuais de vários tipos.

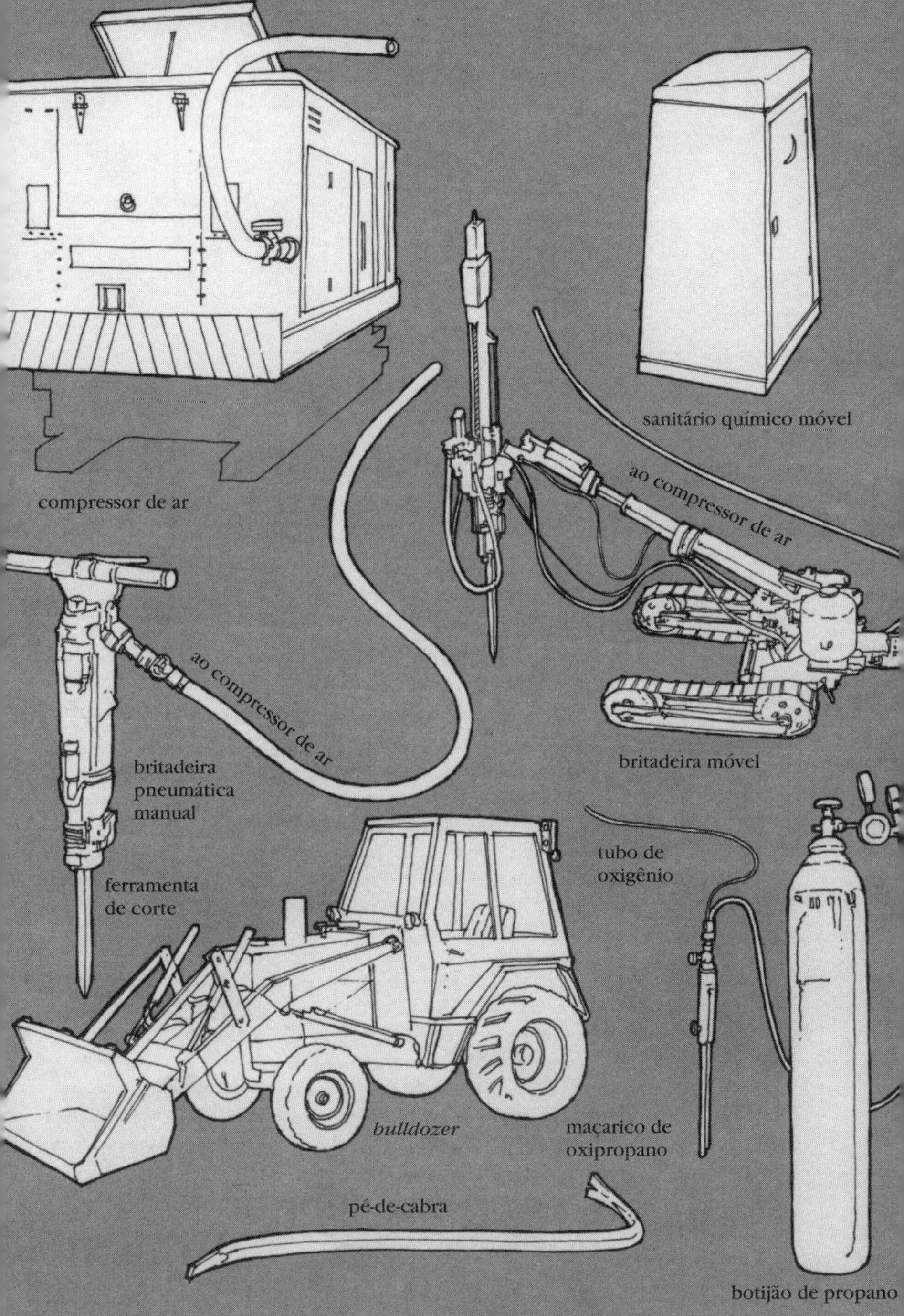
compressor de ar
sanitário químico móvel
ao compressor de ar
ao compressor de ar
britadeira pneumática manual
ferramenta de corte
britadeira móvel
tubo de oxigênio
bulldozer
maçarico de oxipropano
pé-de-cabra
botijão de propano

Durante o mês de agosto, à medida que os últimos inquilinos do edifício iam saindo, fizeram-se algumas preparações preliminares para reduzir os riscos de acidente e eliminar possíveis interrupções dispendiosas. Para obter os alvarás necessários à demolição, Krunchit teve de assegurar a existência de um sistema emergencial de fornecimento de água que pudesse entrar em ação caso ocorresse um incêndio em qualquer momento do processo. Após cuidadosa inspeção, constatou-se que as bombas e tubulações já existentes eram adequadas a esse fim. Ao mesmo tempo, o sistema elétrico do edifício foi examinado e adaptado aos equipamentos que seriam empregados na demolição.

No dia cinco de setembro, os trabalhadores começaram a construir um alpendre sobre a calçada. A estrutura, em forma de túnel, foi erigida ao redor dos três lados expostos do edifício para proteger os transeuntes de uma possível queda de entulho. O pesado telhado de madeira era sustentado por duas fileiras de pilares metálicos tubulares, e o alpendre todo era iluminado por uma carreira de lâmpadas fluorescentes. Uma seção de três metros e meio da rua adjacente às calçadas que rodeavam o prédio foi isolada para abrigar o compressor de ar, o tanque de oxigênio, o *trailer*-escritório e o sanitário móvel, além de servir como área de carga e descarga.

Para reduzir ainda mais o risco de queda de entulho e tornar possível o trabalho na face exterior do edifício, construiu-se ao redor do prédio inteiro uma andaimaria de seções pré-fabricadas, que era fixada às esquadrias das janelas do edifício a cada quatro andares. Como a estrutura dos andaimes não podia ter

EMPIRE STATE

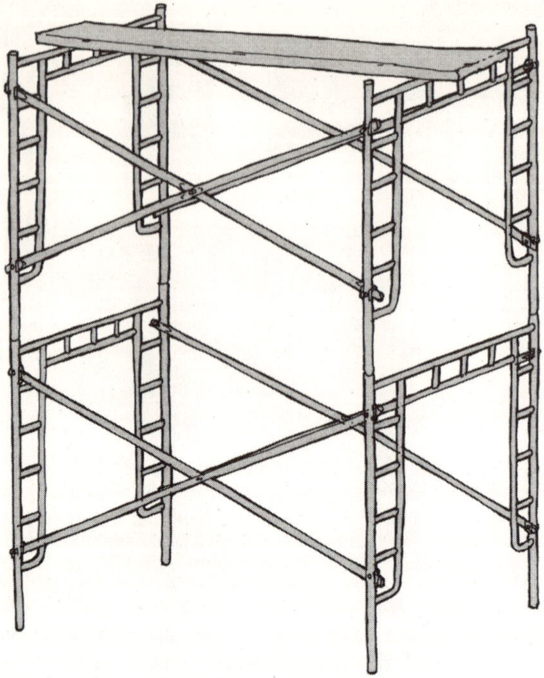

uma altura superior a aproximadamente trinta e oito metros, cada seção de onze andares tinha seu apoio próprio. Onde a fachada do edifício recuava, era possível apoiar os andaimes sobre o telhado dos andares inferiores; onde tal não ocorria, a andaimaria era montada sobre vigas de aço que se projetavam a cerca de dois metros da face exterior do edifício, sendo ligadas diretamente à sua estrutura.

À medida que os andaimes subiam pelo exterior do edifício, várias manobras preliminares tinham lugar lá dentro. Para conduzir ao nível da rua uma enorme quantidade de entulho, proveniente de quase todo o material (com exceção do aço) que compunha cada um dos oitenta e seis andares, os carpinteiros construíram uma calha de madeira. A fim de limitar a distância de queda livre do entulho, a calha foi construída em seções de quatro andares cada uma.

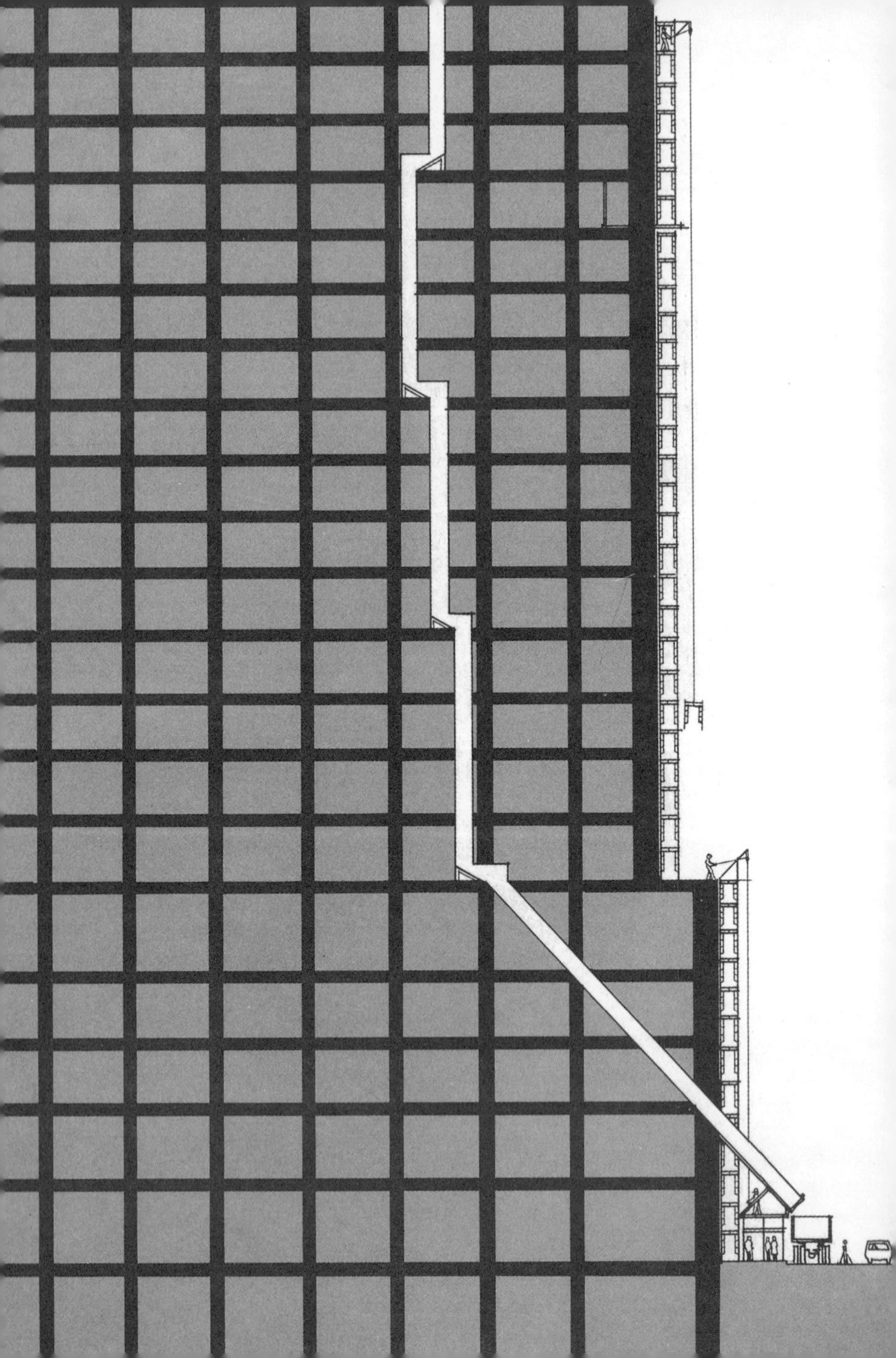

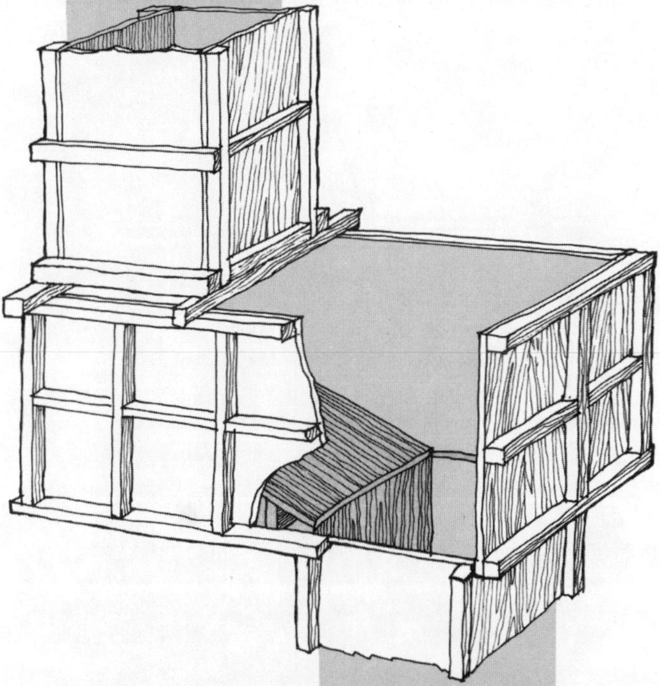

Cada seção terminava numa das extremidades de um recipiente de madeira chamado de caixa de transferência. A abertura superior da seção seguinte da calha ficava na outra extremidade da caixa; entre as duas aberturas havia um plano inclinado.

A primeira seção da calha a ser construída foi a mais próxima ao chão, que conduzia o entulho do edifício aos caminhões. O conduto era disposto em ângulo agudo em relação à vertical, e sua extremidade inferior era selada com uma porta mecânica para controlar o fluxo de entulho. No final da calha instalou-se um pulverizador de água para reduzir a quantidade de poeira que sairia a cada vez que se abrisse a porta.

Enquanto se abriam orifícios nas lajes de concreto para a passagem da calha, todos os elevadores, com exceção de quatro, foram desmontados, e as portas do salão e do corredor de entrada foram encaixotadas. As portas que davam para os poços de elevador foram seladas em todos os andares.

Várias tubulações novas foram instaladas em diversas partes do edifício; entre elas, um tubo de alumínio de quatro polegadas, usado para levar oxigênio do tanque principal, situado na rua, até um conjunto de tubos de comunicação localizados no telhado. Durante a demolição, os maçaricos usados pelos metalúrgicos seriam conectados aos tubos de comunicação através de mangueiras. Instalaram-se também tubos para conduzir o ar do compressor, na rua, até um depósito no octogésimo quinto andar. Este depósito, por sua vez, serviria a todo o equipamento pneumático na área de demolição.

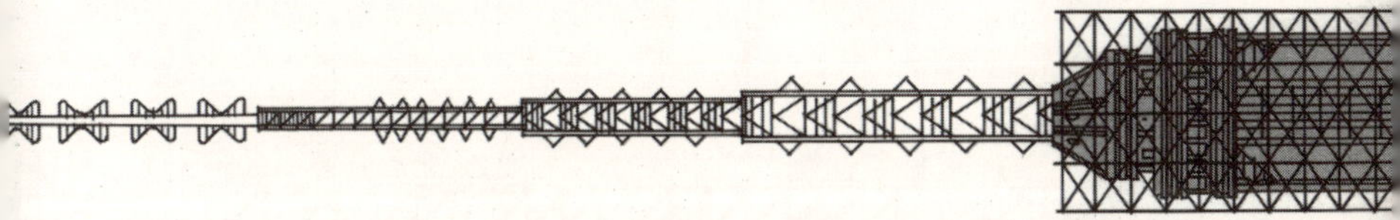

Enquanto essas preparações realizavam-se em outros locais do edifício, um outro grupo deu início ao delicado processo de remover o revestimento de mármore das paredes do saguão principal. Cada peça era delicadamente solta das demais e numerada para que pudesse encontrar seu lugar na reconstrução. As portas dos elevadores e as duas passarelas de alumínio que cruzavam os corredores principais também foram desmontadas.

Em novembro, o mastro de amarração já estava completamente revestido pelos andaimes; começou-se então a trabalhar na torre de televisão, de trinta e seis metros de altura. A maior parte da torre era constituída por uma estrutura de aço, mas seu pináculo superior compunha-se de uma única haste tubular de aço.

Construíram-se três plataformas de trabalho em diferentes alturas ao redor da estrutura da torre. Perto do topo dessa estrutura, os operários instalaram um sistema de macacos hidráulicos. Uma vez fixos à estrutura, os macacos foram dispostos de modo que tocassem a extremidade inferior da haste tubular. A seguir, os operários metalúrgicos cortaram os parafusos que fixaram a haste à torre, deixando que todo o peso da haste caísse sobre os macacos. Estes foram então abaixados, trazendo a seção inferior

da haste para dentro da torre. A haste foi mais uma vez afixada ao topo da torre; os macacos foram abaixados, e a seção inferior da haste foi cortada e removida.

Esse procedimento repetiu-se até que toda a haste foi retirada. Então, os operários metalúrgicos começaram a desfazer a estrutura da torre.

As peças que compunham a torre de televisão eram levadas em primeiro lugar para o topo do mastro de amarração, e daí desciam de elevador até o telhado do edifício. Por fim, chegavam ao chão através de um poço de elevador a partir do octogésimo andar.

Durante o mês em que se deu a remoção da torre, grande parte do que havia no interior do mastro de amarração já fora também retirado. A caixa d'água metálica, situada logo abaixo do centésimo primeiro andar, fora drenada e desmontada, e todo o equipamento ligado à torre de televisão fora removido.

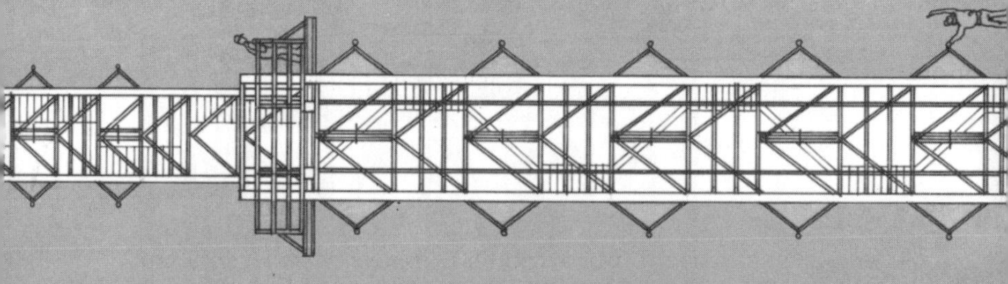

Os operários metalúrgicos deram início, então, à operação bastante delicada de desmontar o revestimento exterior do mastro de amarração. Cada peça de alumínio, vidro ou aço, antes de ser retirada, era numerada de acordo com um plano cuidadosamente concebido, para facilitar a reconstrução.

Quando uma parte suficiente do esqueleto estrutural já fora exposta, afixou-se a ele o primeiro de dois aparelhos destinados a levantar grandes pesos, chamados gruas. Ambos foram levados

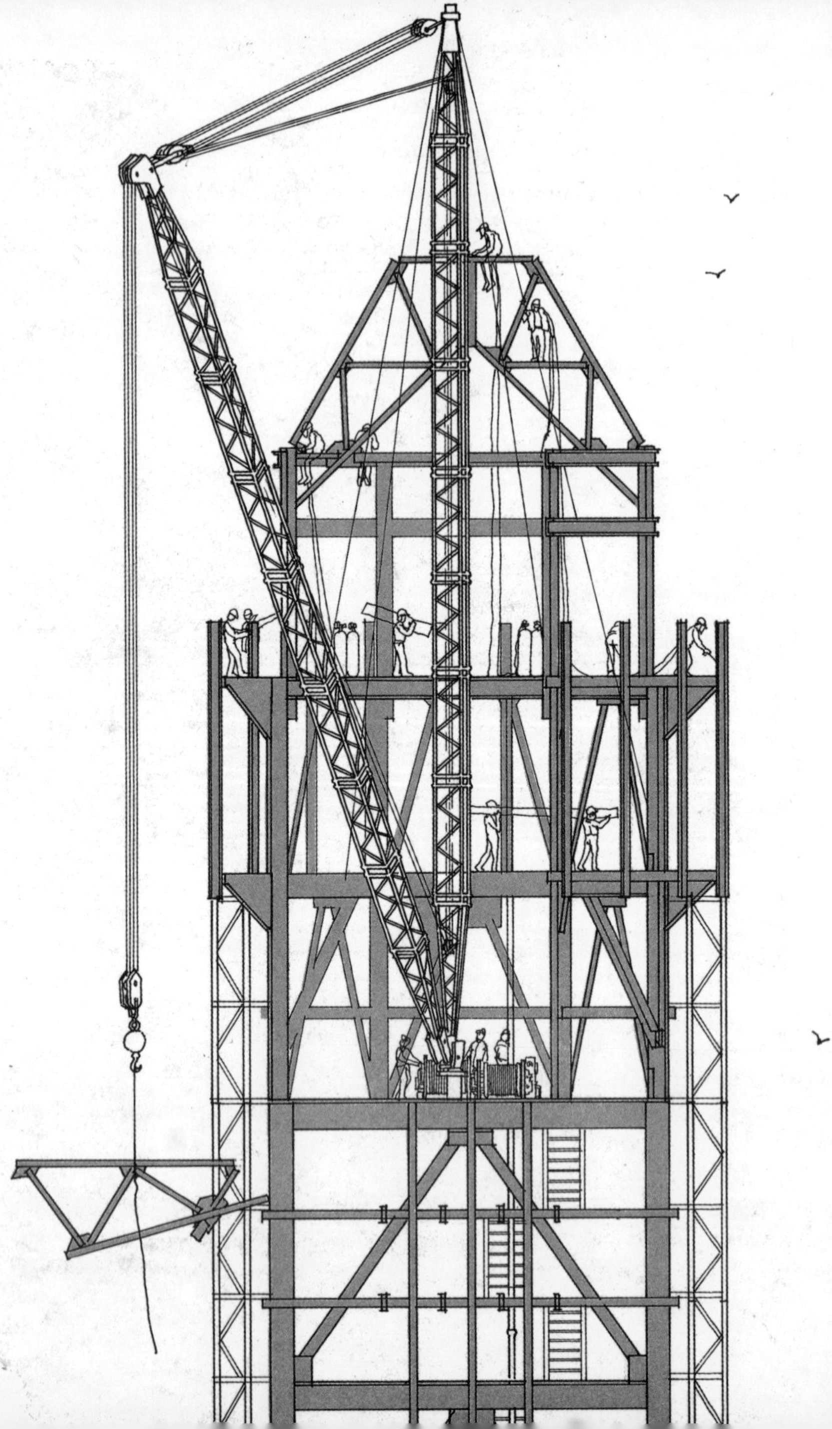

Seção da asa de alumínio fundido

ao topo do edifício, através do poço aberto do elevador. Cada grua era constituída por um mastro e uma lança. O mastro dispunha-se na vertical e era afixado diretamente à estrutura. A lança da qual pendia o gancho era afixada à base do mastro e podia ser levantada, abaixada e voltada para um e outro lado por meio de cabos e roldanas.

Instaladas ambas as gruas, abriu-se no telhado um segundo poço oposto ao primeiro. As peças de revestimento, e por fim da estrutura, que devia ser conservada, desciam através dos poços até o porão e eram armazenadas.

Em meados de janeiro, o mastro de amarração fora retirado; havia agora espaço suficiente para instalar o primeiro dos guinchos.

Depois de estudar vários modos pelos quais os guinchos podiam ser levados ao topo do edifício, Krunchit decidiu que o primeiro seria transportado ao alto por helicóptero; depois de instalado, içaria o segundo ao seu lugar. As peças do primeiro guincho foram levadas para um campo aberto na margem direita do Rio Hudson, onde se encontra New Jersey. Cedo na manhã do domingo seguinte, todas as seções voaram para além do rio até o alto da Rua 34. Chegando ao edifício, as seções eram descidas ao telhado e desconectadas dos cabos.

No dia seguinte, os operários começaram a montar as várias seções. Cada guincho tinha três partes principais – uma lança, uma contralança, que equilibrava os pesos levantados pela primeira, e uma torre para sustentar ambas. Uma mesa giratória no alto da torre permitia que a porção superior do guincho girasse num círculo completo. Usando uma grua que fora montada próximo a um dos poços abertos, a seção inferior da torre foi baixada até uma plataforma que cruzava o poço, oito andares abaixo do teto. Depois disso, um tubo de aço foi introduzido no interior da seção de torre e fixado à plataforma.

Instalou-se então um mecanismo hidráulico que permitia que a torre subisse ou descesse segundo o eixo representado pela coluna. À medida que mais seções iam sendo acrescentadas

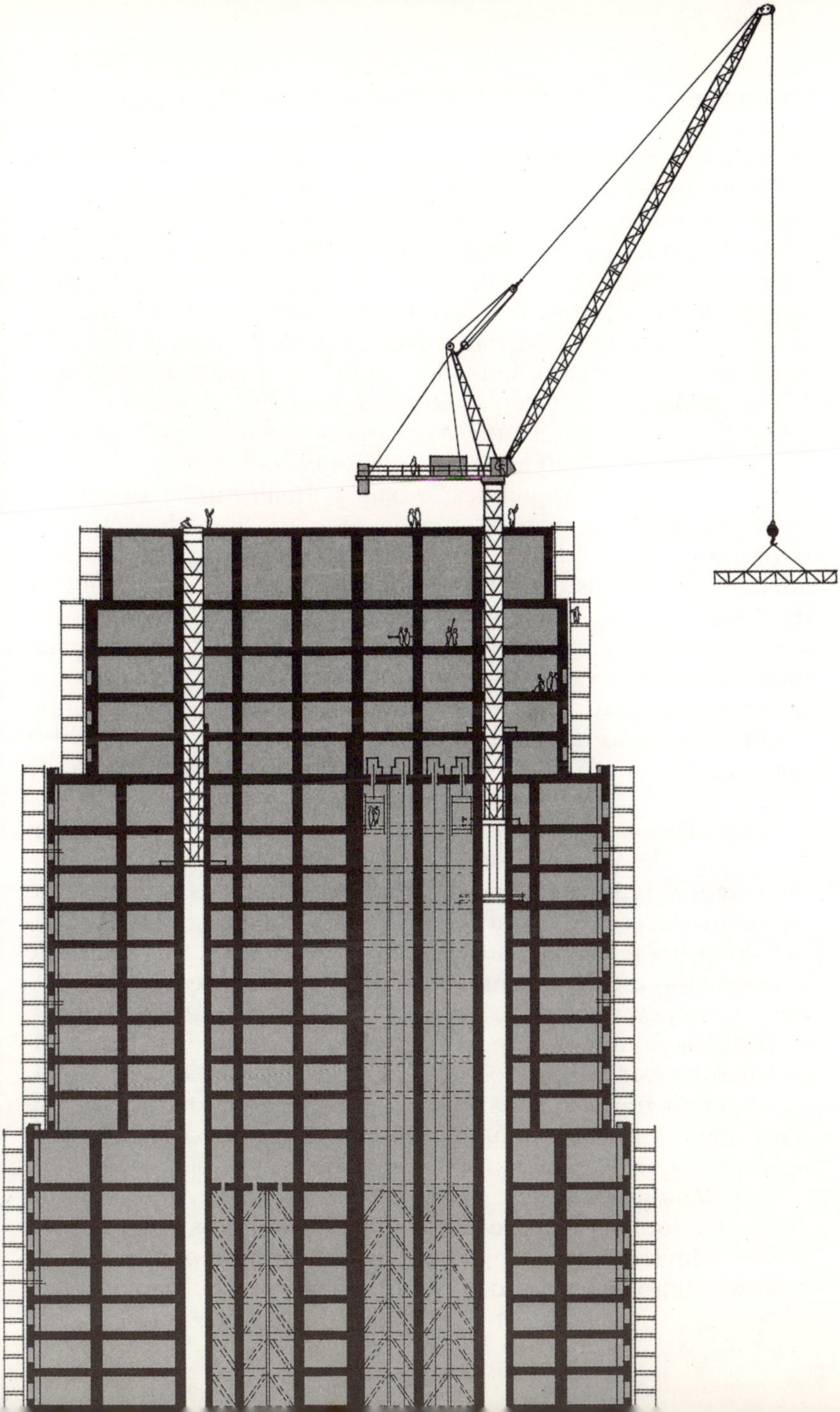

à torre, esta ia tendo de ser afixada ao interior do poço em diferentes alturas. A estrutura de aço original que envolvia os poços de elevador do edifício já era reforçada com escoras para resistir melhor à pressão do vento. Os poços foram reforçados naqueles locais em torno das torres dos guindastes em que não havia escoras. Para reduzir a quantidade de apoio e escoramento adicionais necessários, Krunchit designara para o empreendimento dois guindastes leves, movidos a eletricidade. A lança, a contralança e a mesa giratória foram fixadas à torre quando esta atingiu o nível do telhado. Quando a porção superior do guindaste já fora conectada à torre, o conjunto todo foi elevado à altura adequada acima do telhado. As peças do segundo guindaste foram então elevadas ao teto, e a grua foi baixada à rua.

Por razões de segurança, e para permitir que as operações principais de demolição se realizassem sem impedimentos, os demolidores trabalhavam sempre pelo menos quatro andares adiante dos demais operários. No momento em que os guindastes foram fixados, os demolidores se ocupavam do octogésimo terceiro andar. Para impedir que vidros se quebrassem acidentalmente durante a demolição, removiam-se de uma só vez todas as janelas de quatro andares adjacentes. Para evitar a entrada do vento, reduzindo com isso o risco de incêndio, quase todas as aberturas de janela eram vedadas com pedaços de divisórias e portas.

Os demolidores puseram abaixo todos os forros de estuque, dutos de ar, respiradouros e equipamentos de iluminação. Drenaram e removeram as caixas d'água, bombas e canos que não eram necessários para o trabalho. Quebraram todas as paredes divisórias e portas e arrancaram os fios, canos, radiadores de aquecimento e revestimentos de piso. Todos os pedaços de madeira e de portas que não serviam para vedar as aberturas eram embalados em fardos com os fragmentos de cano e enviados para baixo através de um poço de elevador aberto. Os demais materiais eram fragmentados, pulverizados e empurrados por um trator para dentro da calha de entulho. O piso recebia freqüentes aspersões de água para segurar a poeira.

A demolição do teto começou em princípios de fevereiro. Todos os equipamentos e ferramentas necessários já estavam a postos. Havia várias mangueiras ligadas aos canos de água, e muitos extintores de incêndio foram espalhados pela área.

PLEASE

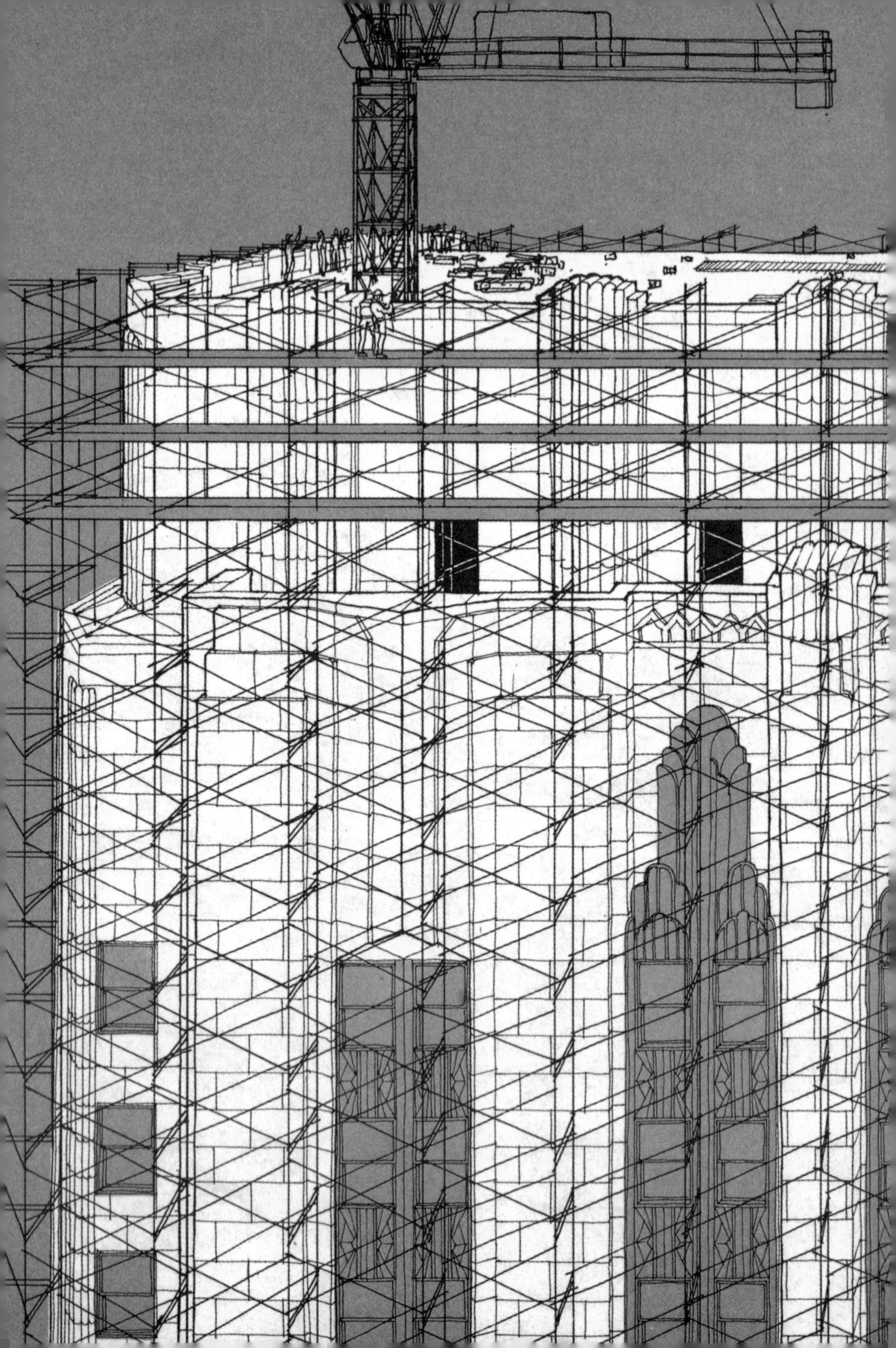

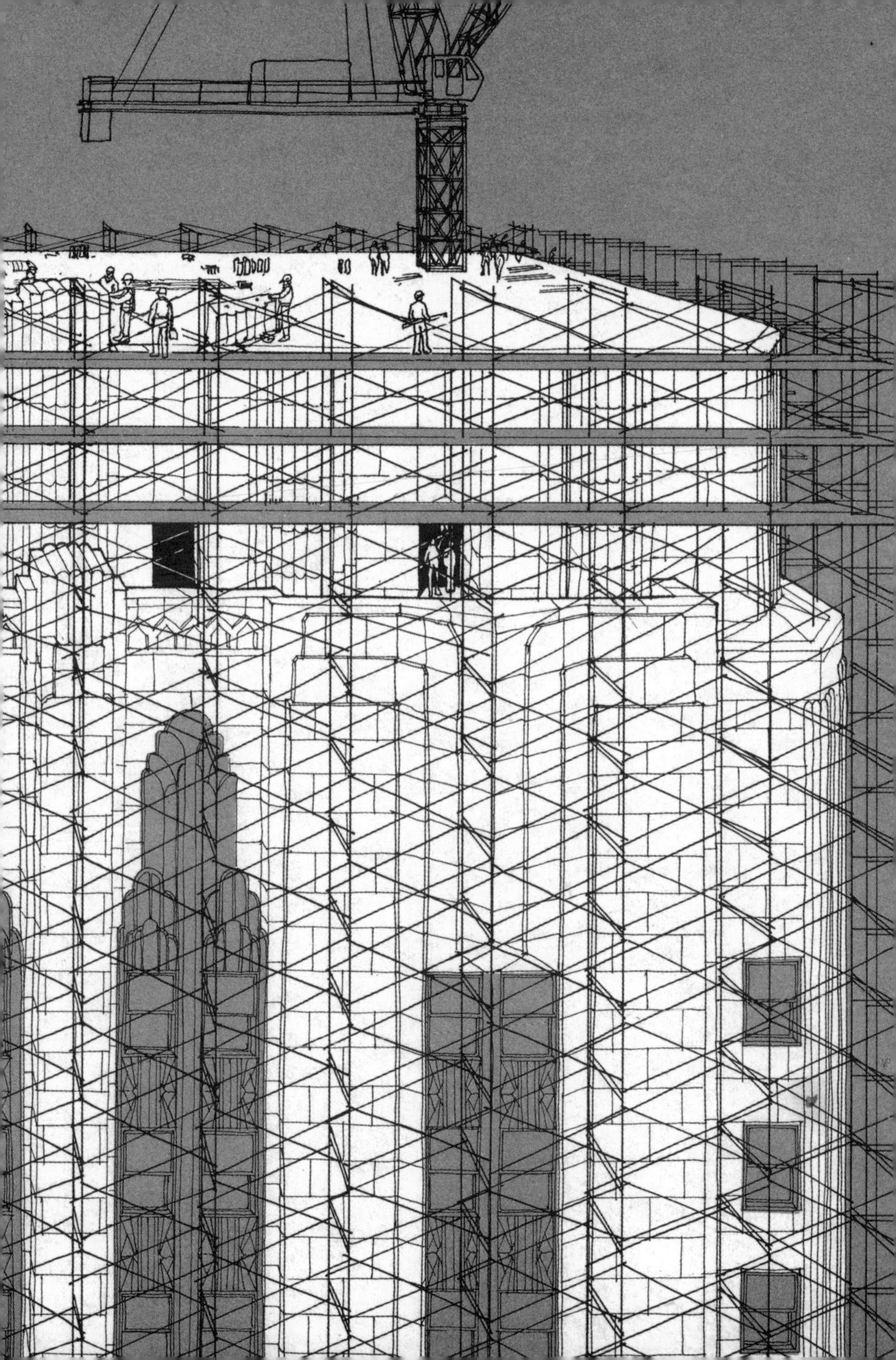

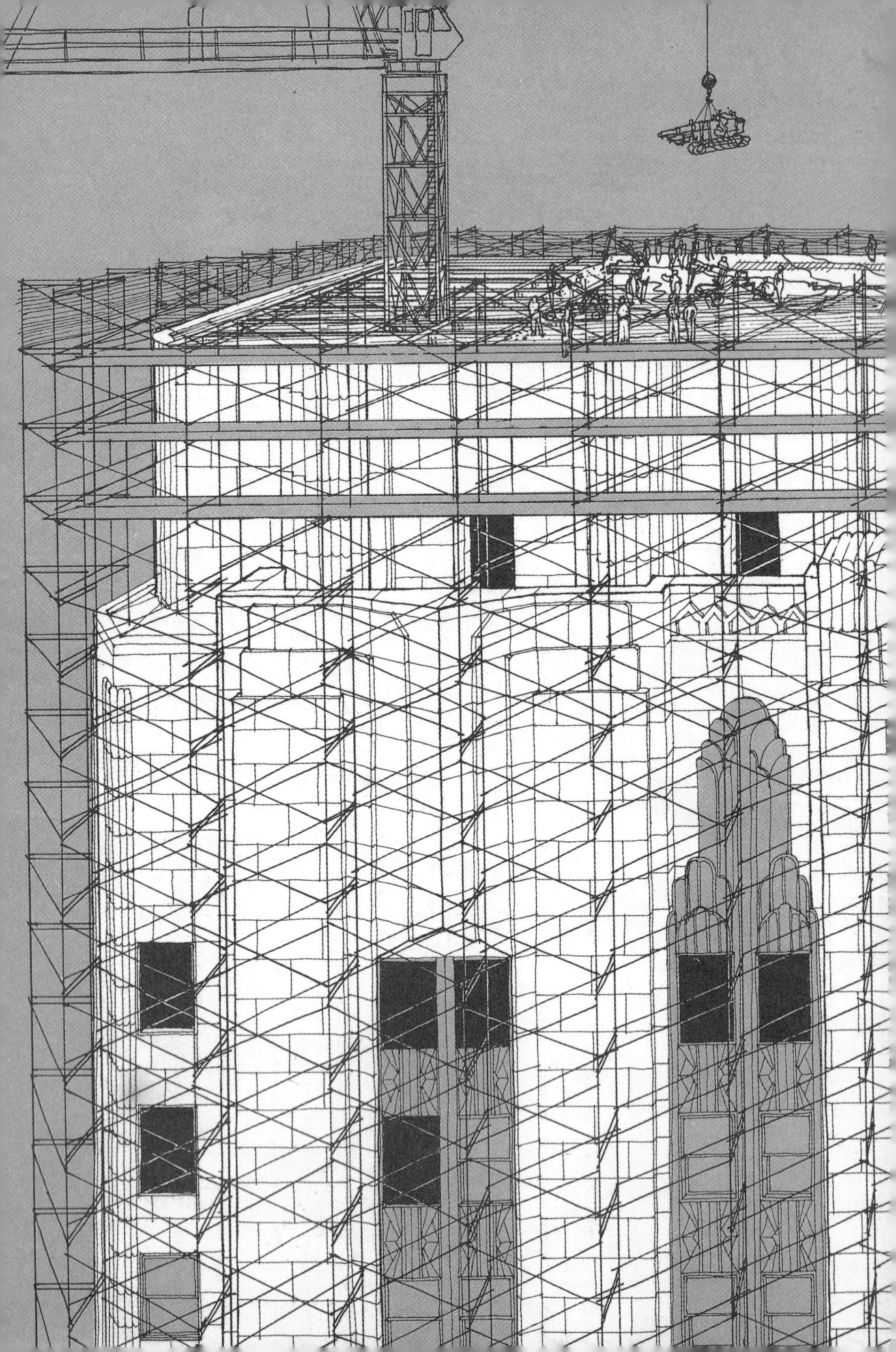

Começando numa das extremidades do teto, os operários trabalharam com as máquinas pneumáticas nas camadas de placas cerâmicas, impermeabilização, proteção térmica e concreto. Esses materiais eram quebrados pelo movimento vertical repetitivo de uma ferramenta de corte fixada na ponta de cada britadeira pneumática. Um pistão numa câmara dentro da britadeira atinge a peça de corte com uma série de rápidos golpes a cada vez que o ar comprido penetra a câmara.

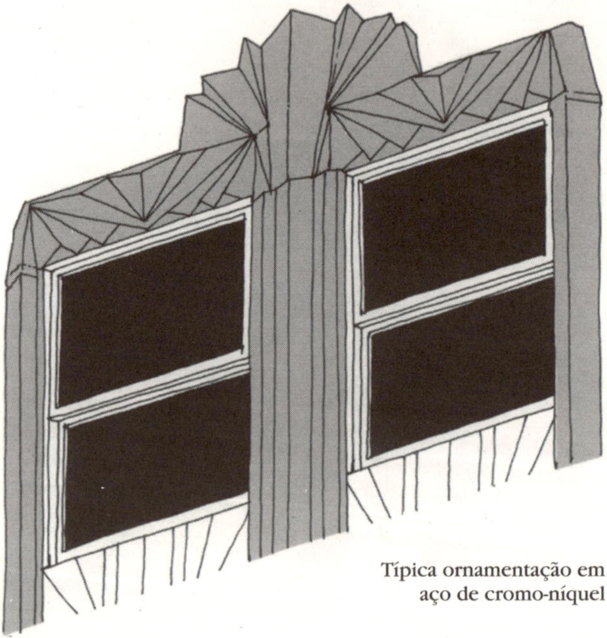

Típica ornamentação em aço de cromo-níquel

Uma vez removida a cobertura de concreto de cada seção de estrutura de aço, e depois de retirado o entulho do andar inferior, a parede externa era desmontada. Trabalhando com pés-de-cabra, martelos e cinzéis, os operários cuidadosamente demoliam a parede de alvenaria para não danificar o revestimento externo. Quando totalmente exposta, cada peça de revestimento era numerada, desmontada e mandada para baixo através de um poço de elevador.

55

Quando uma área suficientemente grande da estrutura de aço já fora limpa de quaisquer fragmentos de concreto ou tijolo, entravam em cena os operários metalúrgicos.

Todo o aço era cortado por meio do calor ou de oxidação. Para tanto empregavam-se maçaricos que, queimando uma mistura precisa de oxigênio e gás propano, produziam uma chama extremamente quente. Uma vez livre de toda a carga estrutural, cada viga era cortada em ambas as extremidades, guardando uma conexão suficiente apenas para suportar o próprio peso. Todas as peças horizontais de aço numa determinada área eram cortadas desse modo.

Quando todo o concreto do teto já fora removido, mais da metade das vigas já havia sido cortada.

Assim que o guindaste estivesse disponível, seria posicionado sobre a peça de aço a ser removida e teria seu gancho ligado a ela por meio de um cabo chamado *choker*. Uma vez esticados os cabos do guindaste, os operários metalúrgicos cortariam o restante da conexão. Uma a uma, as peças de aço eram cortadas, retiradas e baixadas ao nível da rua, onde as esperavam os caminhões.

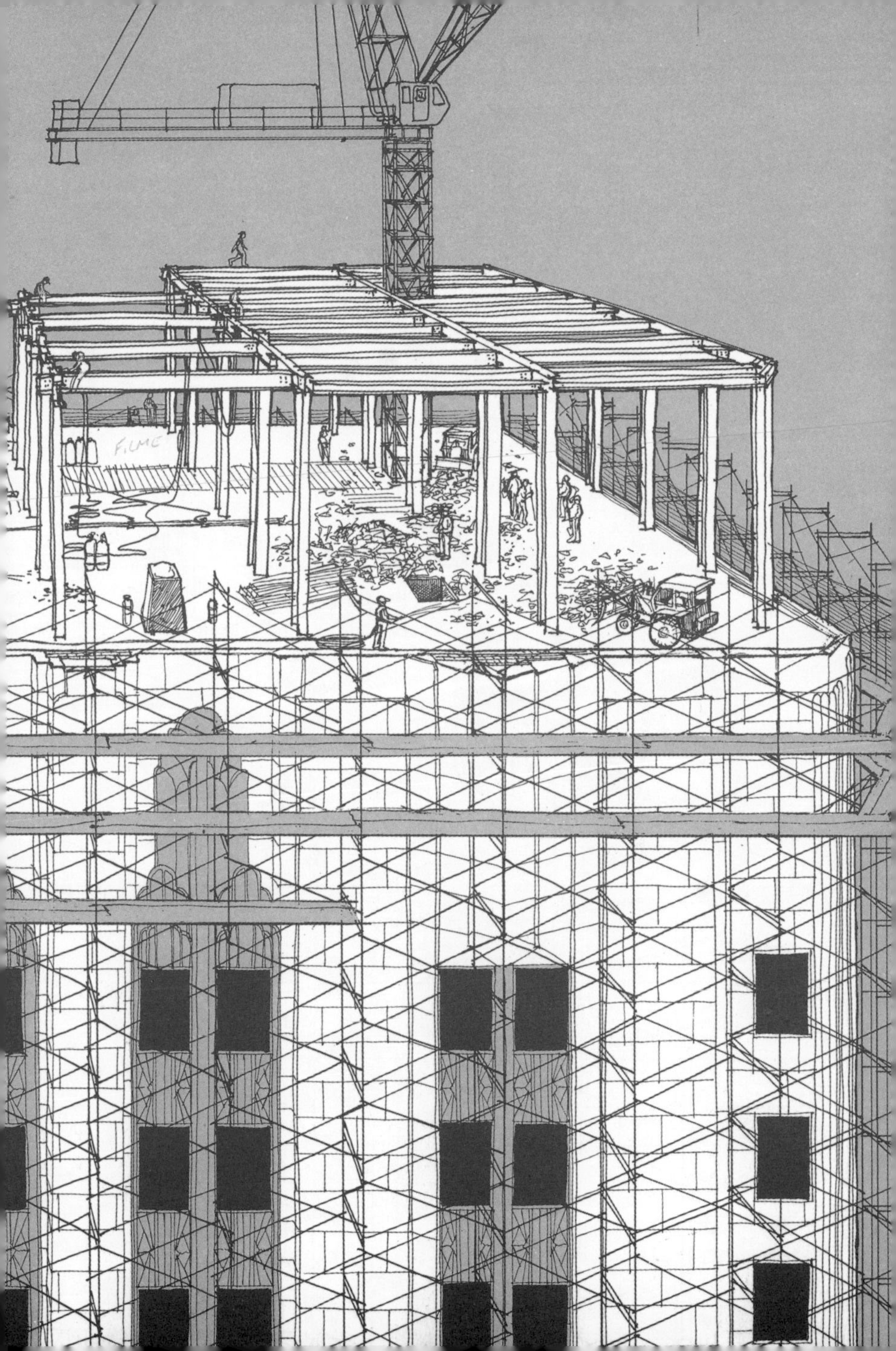
FILME

Como Krunchit previra, cada andar levava dez dias para ser reduzido a toneladas de entulho e aço. Todo o aço era reciclado, e a maior parte do entulho era empregada em aterros em New Jersey. Os tijolos em boas condições foram comprados por um jovem e arrojado fabricante de *souvenirs*, sendo depois vendidos, com certificados numerados, por um preço exorbitante.

Quando os operários chegaram ao octogésimo segundo andar, os dois guinchos desceram seis andares em seus respectivos poços. Esse procedimento se repetiu a cada seis andares demolidos. Ao atingir-se o octagésimo primeiro andar, o maquinário de elevador teve de ser desmontado e transferido para o septuagésimo sétimo andar, onde foi rearranjado. Este procedimento se repetiu a cada quatro andares demolidos.

Todo o equipamento – tubos de água e oxigênio, a calha de entulho, dois sanitários móveis, e a andaimaria – foi aos poucos descendo com o edifício. No decorrer dos dois anos seguintes, o cronograma conservou-se sem maiores problemas. Durante a maior parte deste tempo, devido ao porte do edifício, a progressiva redução em seu número de andares pareceu passar quase despercebida.

No vigésimo quarto andar, o volume do edifício aumentou de modo significativo, e Krunchit designou mais operários para a obra.

No vigésimo andar, instalou algumas gruas suplementares. Dia após dia, mês após mês, a extremidade inferior da calha vertia entulho sobre as caçambas de caminhões à espera. Quando um desses saía, havia sempre outro para preencher-lhe o lugar.

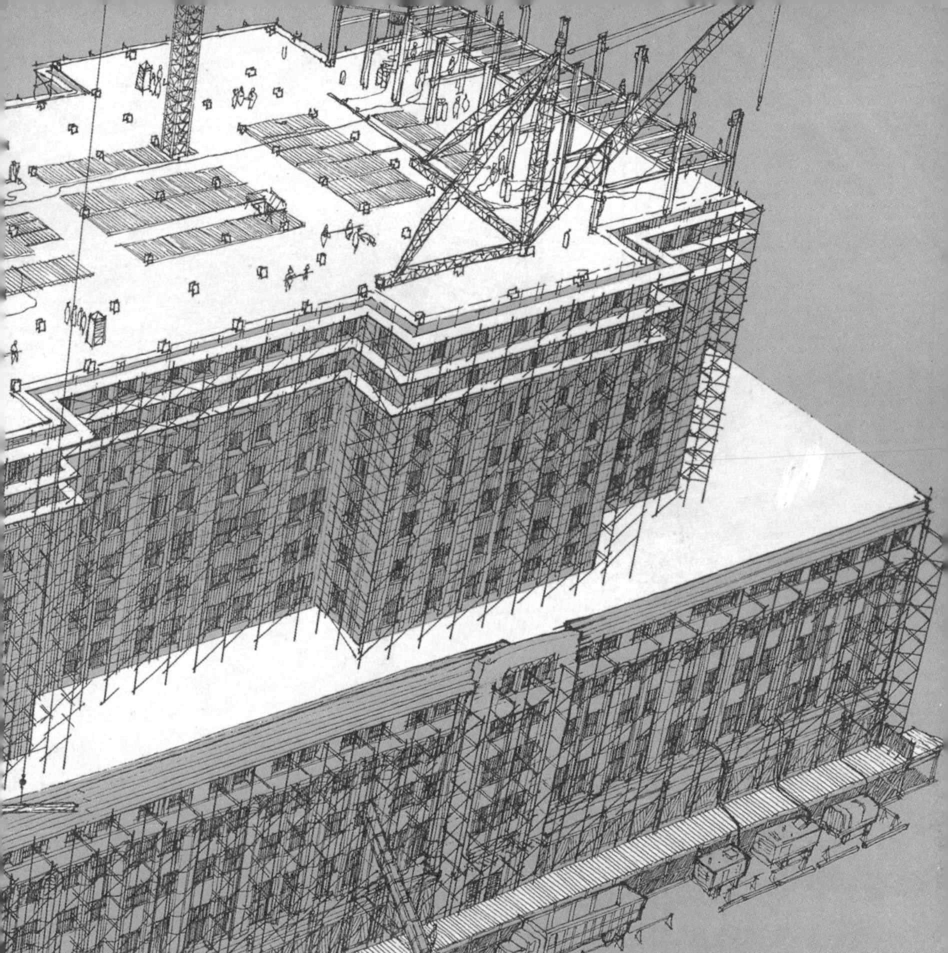

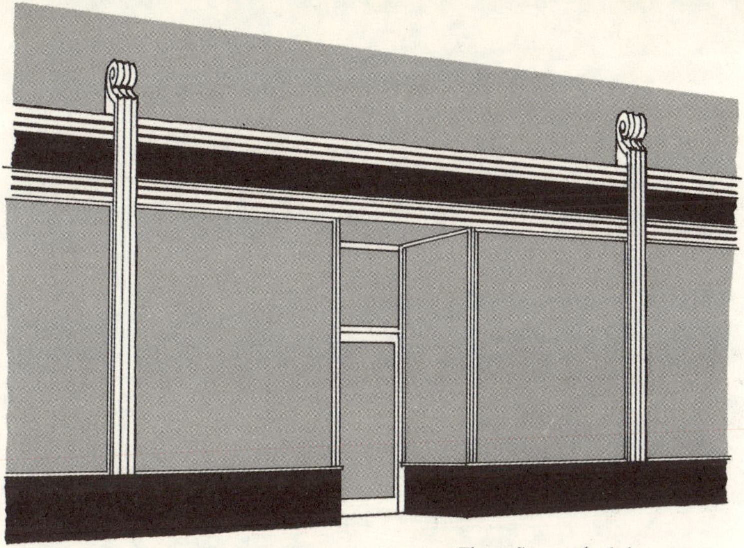

Elevação ao nível da rua

A considerar-se a quantidade real de construção a ser demolida, a fase mais demorada do projeto teve início quando se passou à demolição dos cinco andares mais próximos ao chão. O revestimento externo desta seção, ao contrário daquele do restante do edifício, era constituído quase unicamente de pedra calcária; grande parte destas, incluindo as duas grandes águias sobre a porta principal, eram entalhadas.

Cada bloco precisava ser cuidadosamente solto e levantado dos blocos sobre os quais se apoiava. Os blocos possuíam orifícios em suas arestas superiores, que serviram para que fossem colocadas no lugar quando da construção; os mesmos orifícios foram limpos e reutilizados. Cada peça numerada, ao chegar à rua, era acolchoada, encaixotada e embarcada num caminhão. No nível da rua, a maior parte da parede externa continha janelas que, desde há muito, haviam sido substituídas por peças de madeira compensada. Essas janelas, que atrás de si já haviam tido lojas e restaurantes, eram divididas verticalmente por uma série de colunas de alumínio ornamentadas. Imediatamente acima e abaixo dos caixilhos estendiam-se faixas horizontais de granito negro polido. Faixas alternadas de bronze e alumínio separavam visualmente o térreo do primeiro andar. Toda a caixilharia foi cuidadosamente desmontada e embalada.

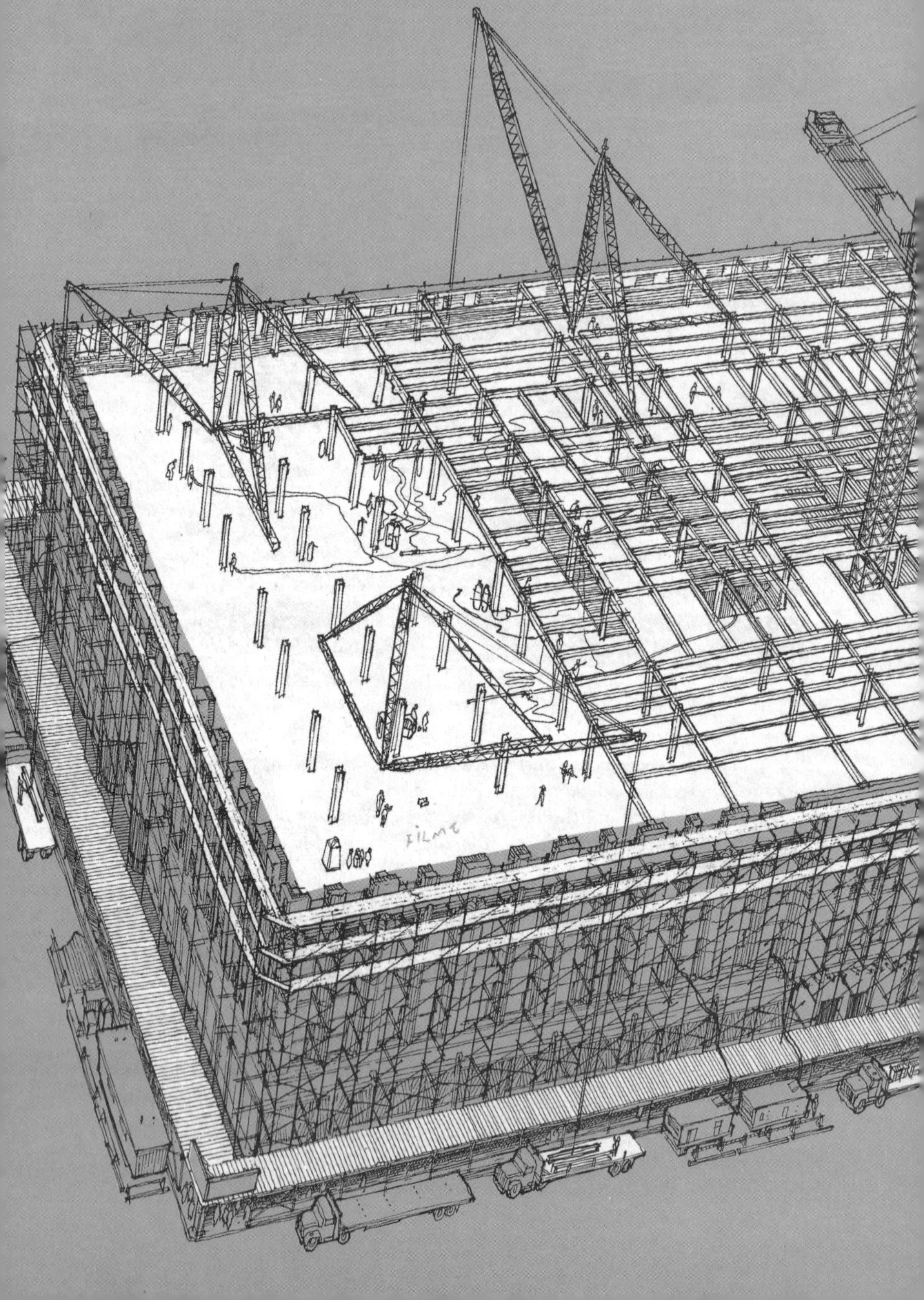

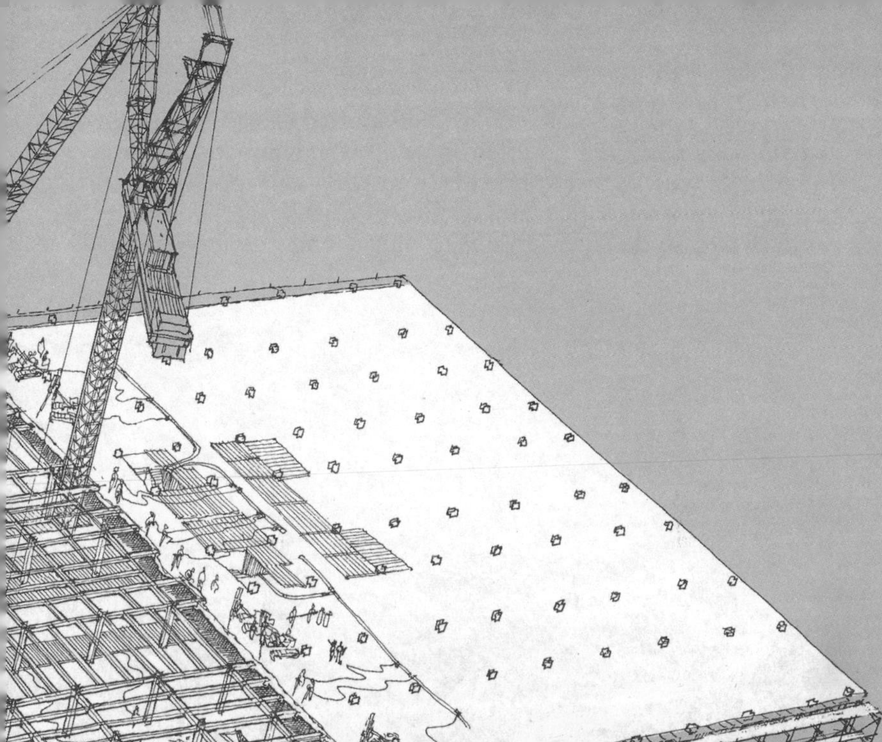

As peças do edifício seriam transportadas ao Oriente Médio por um dos menores petroleiros da PEGA, chamado *Rainha do Deserto*. A nau estava fundeada num dos cais do Rio Hudson que mais próximos ficavam da Rua 34, para que nenhum dos caixotes tivesse de fazer um trajeto muito longo dentro da cidade.

Pelo fim de dezembro de 1992, o lote estava completamente limpo; os caixotes e contêineres já haviam sido embarcados no navio.

O petroleiro zarpou de Nova York às seis e meia da manhã do dia sete de janeiro de 1993, sem festejos e observado por pouquíssimos espectadores. Trinta e dois dias depois, tendo perdido seu radar em meio a uma tempestade de fúria incomum, o *Rainha do Deserto* colidiu com um *iceberg*, que fora ancorado ao largo da costa sul da Arábia para fornecer água para o deserto. A tripulação salvou-se, mas o navio naufragou com toda a sua carga.

A notícia do acidente provocou reações de diferentes tipos. Muitos nova-iorquinos consideraram a perda irreparável, enquanto outros aceitaram-na como constituindo um fim adequado a tão bizarro empreendimento. O príncipe Ali viu-a como um sinal dos céus e, depois de entrar em contato com sua companhia de seguros, superou sua decepção em prolongadas férias na Suíça.

As discussões sobre o incidente aos poucos cederam lugar a um crescente alvoroço ligado à construção do novo parque.

No mês de fevereiro, o antigo piso térreo foi modificado para cobrir as novas galerias subterrâneas e sustentar o peso do novo paisagismo de superfície. Abaixo do chão e das antigas fundações, construiu-se uma nova estrutura de aço para suportar o mastro de amarração; no dia primeiro de março, grande parte do esqueleto deste já fora soldada em seu lugar. Trabalhando a partir de andaimes, os operários passaram então a remontar as peças do revestimento externo, que haviam sido novamente polidas. Outros trabalhadores selaram e revestiram as paredes de dois edifícios adjacentes, as quais haviam sido expostas pela remoção do Empire State.

Por fim, plantou-se um grande número de árvores e arbustos para proteger e dar sombra às áreas de descanso ao redor do mastro.

No dia primeiro de maio de 1993, o Parque Empire State foi formalmente inaugurado. Milhares de pessoas congestionaram o centro da cidade para assistir à cerimônia. Tanto o prefeito da cidade quanto o governador do estado discursaram. Às 11h30, as luzes do mastro foram acesas diretamente da Casa Branca pelo presidente. A multidão irrompeu em aplausos, e os membros da seção de sopros da Orquestra Filarmônica de Nova York tocaram um arranjo especialmente preparado de *Scheherazade*. As festividades continuaram até a noite, e cada vez mais pessoas chegavam ao lugar. Desde o primeiro momento ficou muito claro que, assim como o mastro de amarração fora sempre um dos principais marcos de Nova York, o parque que agora o rodeava viria a tornar-se um de seus mais apreciados lugares públicos.

Na manhã seguinte, ainda exultante com o sucesso do dia anterior, o príncipe Ali partiu para casa. Enquanto seu avião levantava-se no ar, ele se acomodou em seu trono reclinável e voltou os pensamentos para a próxima reunião da PEGA, em que apresentaria aos sócios o orçamento de Krunchit para o desmonte do Chrysler Building.

Glossário

AÇO DE CROMO-NÍQUEL: a liga metálica de cor prateada usada nas peças verticais de acabamento do revestimento externo.

ALPENDRE DE CALÇADA: telhado temporário construído sobre a calçada ao redor de uma construção, destinado a evitar o perigo de queda de entulho sobre os pedestres.

ANDAIME: plataforma temporária de trabalho, geralmente suportada por uma estrutura de aço tubular.

ARRANHA-CÉU: edifício com no mínimo vinte andares.

ASA DE ALUMÍNIO FUNDIDO: parte da ornamentação exterior que envolve a base do mastro de amarração.

BOTIJÃO DE PROPANO: o recipiente de aço usado para o transporte do gás propano, ao qual são ligados os maçaricos.

BRITADEIRA PNEUMÁTICA: máquina concebida para quebrar concreto e alvenaria. A ação de quebrar é exercida por uma ferramenta de corte fixada à extremidade inferior da britadeira. O ar comprimido, ao penetrar na porção superior do instrumento, faz com que a peça de corte movimente-se muito rapidamente para cima e para baixo. As britadeiras mais leves são manuais, enquanto as mais pesadas são instaladas num veículo motorizado.

CAIXA DE TRANSFERÊNCIA: uma caixa de madeira instalada a cada quatro andares ao longo do comprimento de uma calha de entulho, destinada a interromper a queda livre do entulho. Este cai numa das extremidades da caixa e, percorrendo um plano inclinado no interior desta, cai pela outra extremidade na próxima seção de calha.

CALHA DE ENTULHO: um tubo de madeira construído para conduzir entulho do topo de um edifício à rua.

COMPRESSOR: equipamento utilizado para manter ar sob pressão.

CONTRALANÇA: a seção da grua que, fixada à base da lança, equilibra os pesos levantados por esta.

DIRIGÍVEL: grande aeronave cilíndrica capaz de voar quando enchida de um gás mais leve que o ar. O dirigível era visto como uma forma potencialmente importante de transporte transatlântico na década de 20, mas sucessivos acidentes fizeram decrescer o apelo da idéia.

ESQUELETO ESTRUTURAL: a estrutura de aço construída para sustentar os pisos e paredes de um edifício e levar o peso destes até as fundações.

GRUA: guindaste composto primariamente de uma lança e um mastro. A base do mastro é permanentemente fixada à estrutura; sua parte superior é sustentada por cabos de aço, chamados cabos de retenção, ou por pernas rígidas de estrutura metálica. A lança, a partir da qual o gancho é levantado ou abaixado, é fixada à base do mastro e pode ser levantada, abaixada e movida para um e outro lado por meio de uma série de cabos e polias.

GUINCHO: elevador de carga ou plataforma que pode ser levantado ou abaixado para acompanhar a construção ou a demolição de um edifício.

LAJE DE PISO: a laje de concreto moldada sobre a que é sustentada pelas vigas do esqueleto estrutural.

LANÇA: o braço do guindaste, do qual pende o gancho.

MAÇARICO DE OXIPROPANO: o maçarico utilizado para oxidar o aço por meio da queima de uma combinação precisa de oxigênio e gás propano.

MASTRO DE AMARRAÇÃO: a torre à qual é amarrada a frente do dirigível, ao aportar.

PAINEL DE ALUMÍNIO FUNDIDO: o painel ornamental projetado para preencher o espaço entre a extremidade superior de uma janela e a extremidade inferior da janela imediatamente acima.

PAREDE DE ALVENARIA: parede de pedra, tijolo ou de uma combinação de ambos.

PÉ-DE-CABRA: alavanca de aço empregada pelos demolidores; tem uma das extremidades curvada, e na outra possui uma garra.

PILAR: um dos principais suportes verticais do esqueleto estrutural.

RECUO: um recuo à moda de degrau na fachada de um edifício, geralmente prescrito a certas alturas pelas leis de zoneamento para permitir a chegada de ar fresco e luz solar à rua.

SILHAR: bloco retangular de pedra lavrada para a construção.

TORRE: a estrutura que sustenta a lança e a contralança.

TORRE DE TELEVISÃO: a estrutura de aço construída sobre o mastro de amarração com o fim de transmitir sinais de rádio e televisão.

TRAVEJAMENTO CONTRA O VENTO: reforços de aço estrutural incluídos na estrutura para aumentar a resistência do edifício contra a pressão do vento.

VIGA DE FECHAMENTO: a viga de aço vinculada ao exterior do esqueleto estrutural, para dar apoio ao fechamento externo.

VIGA DE PISO: viga de aço cuja principal função é dar apoio à laje de piso de concreto.

VIGA-MESTRA: grande viga de aço que suporta carga considerável como parte do esqueleto estrutural.

impressão e acabamento
yangraf
TEL.: (011) 296-1630
FAX: (011) 296-6096